U0947533
中国 CHINA'S MEGA PROJECTS
超级工程丛书
跨海巨龙：桂冠明珠港珠澳大桥
总顾问　聂震宁　陈　云
总主编　杜彦良
主　编　陈　馈　王江卡　周　蓓
河南科学技术出版社
·郑州·

图书在版编目（CIP）数据

跨海巨龙 ：桂冠明珠港珠澳大桥 / 陈馈， 王江卡，
周蓓主编. -- 郑州 ：河南科学技术出版社， 2025. 1.
（中国超级工程丛书）. -- ISBN 978-7-5725-1705-1

Ⅰ. U448.19-49

中国国家版本馆 CIP 数据核字第 202427G2J9 号

跨海巨龙：桂冠明珠港珠澳大桥 

出版发行：河南科学技术出版社
地址：郑州市郑东新区祥盛街 27 号　　邮编：450016
电话：（0371）65788613　65788642
网址：www.hnstp.cn
出 版 人：乔　辉
策划编辑：牟　斌　刘燕芳　王志强
责任编辑：郭亚婷　牟　斌　王志强
责任校对：耿宝文　徐小刚
整体设计：小红帆　祺虎平面
插图绘制：姜　雨　王美伦　赵博文
责任印制：徐海东
印　　刷：涿州市京南印刷厂
开　　本：787 mm × 1092 mm　1/16　印张：4　字数：100 千字
版　　次：2025 年 1 月第 1 版　2025 年 1 月第 1 次印刷
定　　价：49.80 元

“中国超级工程丛书”编委会

谨以此书献给可爱
可敬的工程建设者们

PREFACE／前言

科技如春风拂面，赋予世界勃勃生机，改变着世界。

如今中国已是科技大国，在基建、航天等领域，我们展翅高飞，创造了令世界瞩目的奇迹。

孩子们是祖国的花朵，是未来的希望，他们见证着祖国的科技辉煌和繁荣昌盛。编著这套图书的初衷，便是让每一个孩子都能领略到工程科技的魅力，感受到工程师的智慧。孩子是天生的小探险家，对世界充满了好奇与渴望。那些卓越的大国工程，对孩子们来说或许有些"高深莫测"，但请相信，我们将用生动、有趣的笔触，将它们呈现给孩子。在这套书中，我们将一起目睹中国高铁的疾驰如飞、大桥的横跨天堑、航天科技的梦幻传奇等。这些工程背后的国之匠心，是工程师们一次次的坚守担当，是他们托举起了强国建设、民族复兴的伟大梦想。

让我们共同翻开这套书，踏上一段奇妙的超级工程之旅。愿孩子们在阅读中收获知识，启迪心灵，培养科技素养，从小增强自信，成为新时代的杰出人才！愿孩子们在未来的日子里，绽放出属于自己的光芒，书写属于自己的传奇！

编者

2024年7月

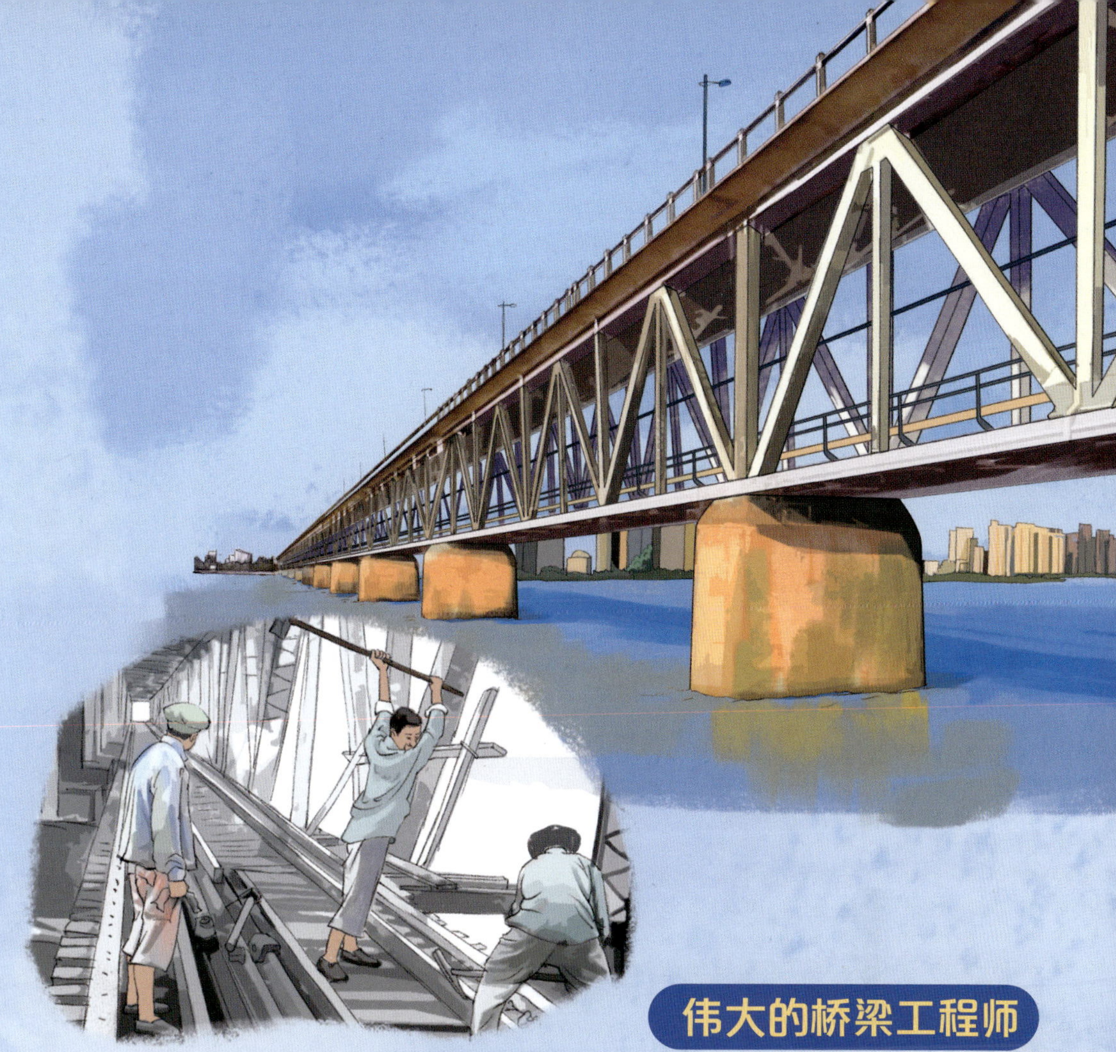

伟大的桥梁工程师

我国有很多伟大的桥梁专家，比如茅以升，被誉为“中国桥梁之父”，他是桥梁教育的创始者。他将毕生都献给了热爱的桥梁事业。

他在国外学成以后，谢绝了重金聘请，毅然决然地回到了战火纷飞的祖国。

他建造钱塘江大桥时困难重重。我国桥梁专家排除万难，带领一众建设者，在战火纷飞中建设了大桥。为了阻止日军进攻，这座耗资 160 万美元的大桥，在建成 80 多天时，就被茅以升亲手炸毁了。直至新中国成立后，这座命运多舛的大桥才得以全面修复。

茅以升一生参与了许许多多桥梁的建设，这些桥梁都在默默讲述他坚定爱国、默默奉献的一生！

虎门大桥一开始想交给一家英国的公司设计，我国桥梁专家李国豪听说后心急如焚，因为虎门是中国的南大门，又是当年林则徐虎门销烟的地点，意义重大。在李国豪的积极争取之下，他亲自担任虎门大桥的顾问组组长。1997 年，虎门大桥顺利建成，全长 15.76 千米，飞架在珠江口岸。

改革开放以后，我国迎来了架桥修路的春天。他和自己的学生，一同参与了上海南浦大桥的建设，实现了我国大跨度桥梁的自主建设。之后，还参与了广东虎门大桥的建设，这座桥建成时被誉为“世界第一跨”。

李国豪身上折射出和祖国同呼吸、共命运的深厚的家国情怀，激励着一代又一代的年轻人！

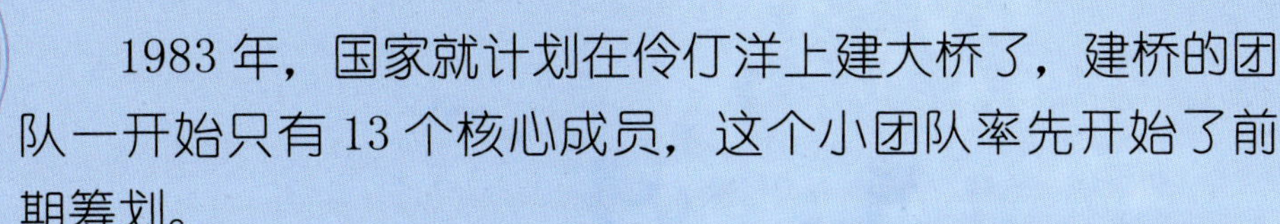

1983 年，国家就计划在伶仃洋上建大桥了，建桥的团队一开始只有 13 个核心成员，这个小团队率先开始了前期筹划。

港珠澳大桥的设计使用寿命达到了 120 年，但海水有很强的腐蚀性，为了解决这个棘手的难题，工程师们开始了一项长达 20 年的试验，来验证高性能混凝土的可行性。

后来，大桥的建设正式立项、开工，十几年来，这个项目汇集了几万名工程师，他们当中的每一位都在为大桥的建设添砖加瓦，正因为有他们的辛苦付出，大桥才能顺利建成通车。

蜿蜒盘旋在大海中的港珠澳大桥。

目录

珠海
风景秀丽的海滨城市，背靠广州，西连澳门，东与香港隔海相望，因为海岸线很长，岛屿众多，便有了“百岛之市”的美称。
澳门
国际自由港，也是全球经济最发达的地区之一。三面环海，先民以海为生，供奉妈祖。
澳门国际机场
中国第一个完全由填海造陆建成的机场，每天都有很多航班在这里起降。

繁忙的伶仃洋海域

伶仃洋是一个喇叭形的河口湾，位于珠江口外，连接着香港、澳门和珠海的机场。每天都有 4000 多艘船只和 1800 多架航班从这片海域穿行而过。

港珠澳大桥就像一条银线串起一串珍珠，把隔海相望的香港、珠海和澳门点缀在伶仃洋上。

香港国际机场

世界上最繁忙的航空港之一，全球超过 100 家航空公司在此运营。

航道

地面上的车辆有固定的通道。天上的飞机和海中的船也有它们的固定行驶通道，这个固定的通道被称为航道。

香港

金融、贸易、航运、旅游业都十分发达，与纽约、伦敦并称为世界三大金融中心。

你知道吗？

过零丁洋

《过零丁洋》是南宋民族英雄文天祥 1279 年经过伶仃洋时所作。当时他和妻女一同被俘，母亲和儿子都染病去世。他借“零丁洋里叹零丁”的诗句表达自己强烈的孤苦伶仃之感。

长达 20 年的实验

海水很咸，含有很多腐蚀性很强的氯盐，普通水泥在高浓度的氯盐环境中会很快被侵蚀，而港珠澳大桥的设计使用寿命为 120 年，如何保证泡在海水里的桥墩在这么长的时间内不被侵蚀呢？

其实，工程师们早在 20 年前就开始研究这个问题了，他们配制了一种高性能混凝土，把这种混凝土土块和普通混凝土土块一起放到海水里，20 年后取出来，验证了高性能混凝土的可靠性。

高性能混凝土

一种新型高技术混凝土，它抵抗氯盐侵蚀的能力是普通混凝土的数倍。工程师们 20 年后把这块高性能混凝土土块从海水里拿出来发现，它没有被侵蚀，颜色也没有变化。

普通混凝土

容易被海水中的氯盐侵蚀，整个混凝土土块会剥落，甚至开裂。

实验表明，高性能混凝土可以有效抵抗氯盐的侵蚀，这是延长桥梁使用寿命的关键。

▲ **桥梁使用年限**

港珠澳大桥的设计使用年限是120年，这对混凝土的耐久性提出了极高的要求。

氯盐 ►

我们日常生活中炒菜用的食盐就是从海水里提炼出来的，被称为“氯盐”，它的学名叫氯化钠，化学式为NaCl。

你知道吗？

盖房子为什么用河砂不用海砂？

混凝土是建筑中必不可少的材料，它由水泥、石子、砂子和清水混合而成。我们要特别注意，制作混凝土时应该选择淡水中的河砂，而不是海水中的海砂。因为海砂中的氯盐会加速钢筋和混凝土的腐蚀老化。

共振与地震，提前来防范

伶仃洋海域台风多发，一年中有接近 200 天都是 6 级以上的大风天气。

大跨度的桥梁在低风速下会出现一种风致振动现象，这种现象被人们称为“涡振”。涡振是涡激振动的简称，是共振的一种形式。

严重的涡振会让桥梁坍塌，这种例子在国外屡见不鲜，工程师必须解决涡振问题保证大桥的安全。后来工程师们经过多次的试验，利用放置溢流板成功地解决了涡振问题。

被大风吹垮的桥

1940 年，美国的塔科马海峡大桥，被大风引起的涡振损毁。

你知道吗？

共振的威力

不只是风能引起与桥梁的共振，就连步伐也可以引起与桥梁的共振。据说曾经有一支军队在路过铁链悬桥时，士兵们昂首挺胸整齐划一地走着正步，由于士兵们步伐的频率恰巧接近大桥的固有频率，因此导致大桥断裂，士兵们手足无措，纷纷坠入河中。

溢流板防止涡振

工程师们在桥上安装溢流板来做实验，溢流板扰乱了风的运行轨迹，使涡振被抵消了很多。

如大桥在7级风作用之下产生了40厘米的振幅，放置溢流板后一下子降到了6厘米。要知道40厘米的振幅可让大桥上的人很不舒服，甚至头晕目眩，并且人身安全受到威胁，而6厘米的振幅给人造成的影响十分轻微。

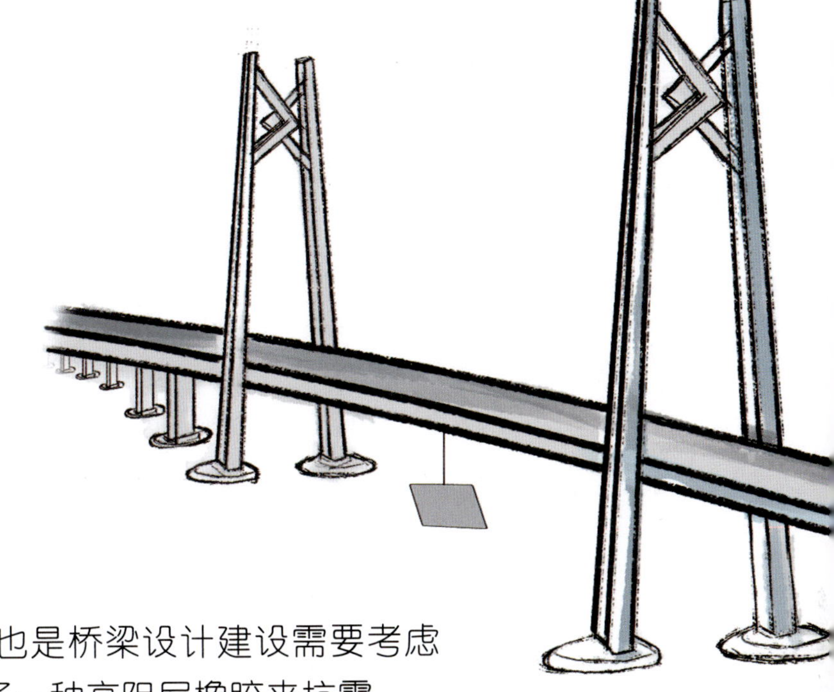

除了共振现象，地震也是桥梁设计建设需要考虑的重要因素，工程师发明了一种高阻尼橡胶来抗震。

普通橡胶

普通橡胶弹性大，自由落体以后，它还会重新弹起来达到较高位置，作为大桥的组成部分不利于抗震。

高阻尼橡胶

高阻尼橡胶具有稳定支撑、弹性复位和阻尼功能，在地震中可以吸收地震能量。自由落体以后，不会被高高弹起。

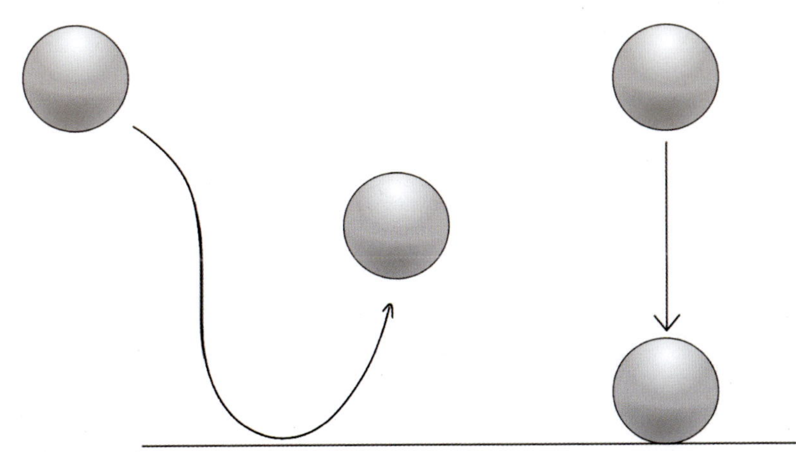

准备就绪，桥梁开建了

钢箱梁的建造是港珠澳大桥建设的核心环节之一。和桥墩制造相似，钢箱梁也是在岸上预先制造好，再通过船只运输到指定位置。

为了满足阻水率以及抗震、抗台风的要求，桥梁跨径要大，体量要轻。传统的混凝土结构使桥梁很“笨重”，很难满足要求，因此，工程师们采用空心的钢箱梁结构，既轻巧又稳固。

1. 工厂预制

钢箱梁是大桥的骨骼，是由一片片零散的钢板焊接而成的箱形结构。港珠澳大桥的钢箱梁是在广东中山的拼装基地组装成的。

2. 运输钢箱梁

拼装完成的钢箱梁会通过海运运到40千米之外的桥位安装现场。

保持极低的阻水率

每年有大量泥沙从珠江口涌入海洋，大桥就像一个阻挡泥沙的篱笆，阻水率一旦超过10%，泥沙就可能沉积并阻塞航道，伶仃洋就会变成一片冲积平原。

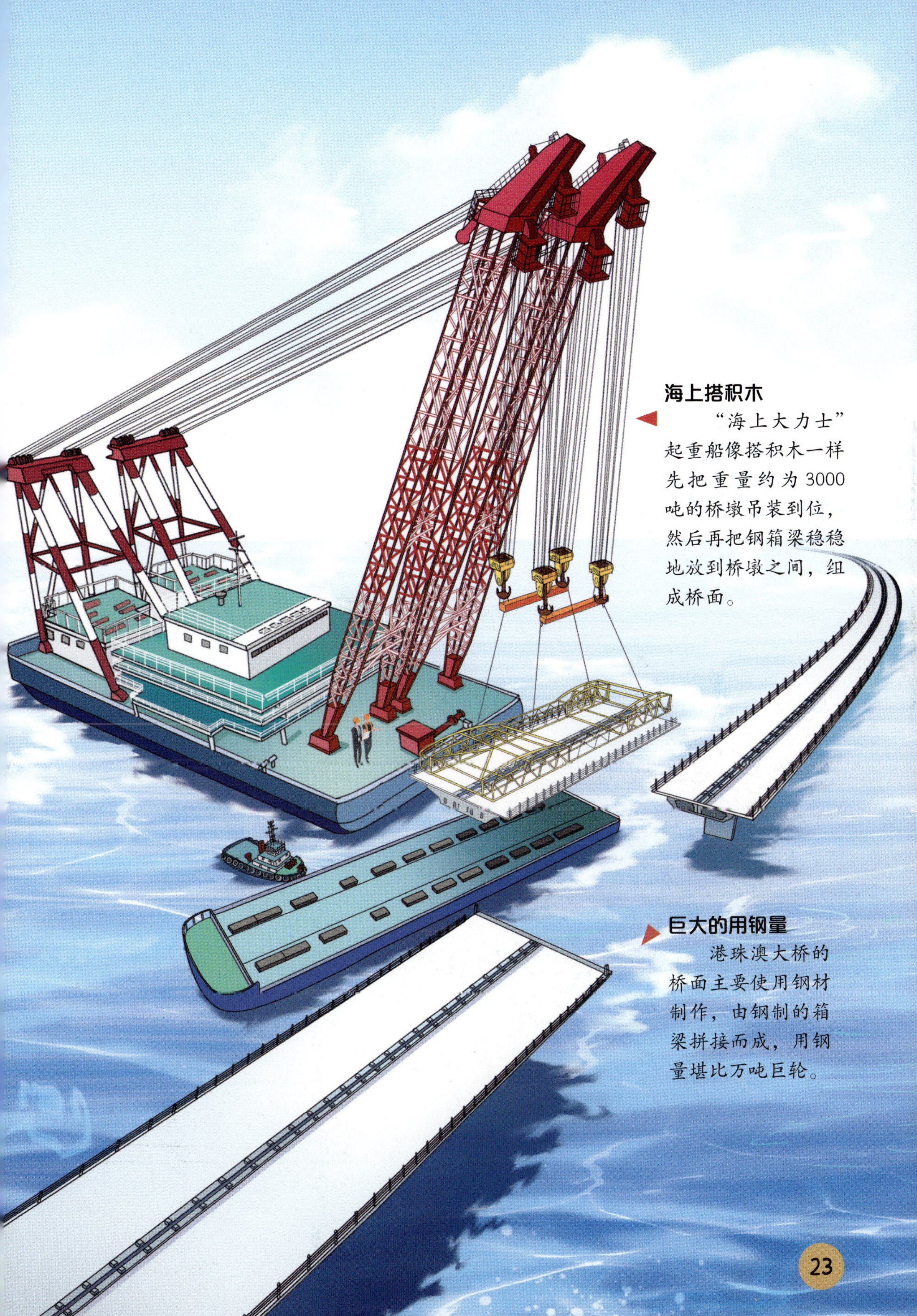

海上搭积木

“海上大力士”起重船像搭积木一样先把重量约为3000吨的桥墩吊装到位，然后再把钢箱梁稳稳地放到桥墩之间，组成桥面。

巨大的用钢量

港珠澳大桥的桥面主要使用钢材制作，由钢制的箱梁拼接而成，用钢量堪比万吨巨轮。

机器人焊接“筋骨”

桥梁如同大桥的“筋骨”。港珠澳大桥的桥面采用的是全钢箱梁结构。那么，一片又一片零散的钢板是如何拼接到一起的呢？

原来是机器人帮了大忙！

人工焊接

人工焊接总是伴随着飞溅的金属和呛人的烟尘，工作环境较差。工人要一手拿着防护面罩，一手进行焊接工作。

机器人焊接

港珠澳大桥仅主梁钢箱梁用钢量就达到 40 多万吨，足以建造 50 多座埃菲尔铁塔，如此大的用钢量，人工焊接很难在短期内完成。建设港珠澳大桥，是工程师们首次把机器人焊接技术用到钢桥建设中。

机器人焊接技术可以用于桥梁的制造，此外，汽车车体的连接以及精细芯片的研制都离不开焊接工艺。

机械人做精细动作

除了焊接钢铁，机器人也可以做一些精细的动作，如高铁精密芯片的制造就离不开机器人。

机器人本领大

机器人在许多领域都有广泛应用，如汽车的搬运、焊接、喷涂和装配等。不仅如此，高铁的无缝钢轨、航空母舰的飞行甲板、载人宇宙飞船的密封舱等的焊接，也都离不开机器人。

"S"形曲线桥梁蜿蜒前行

建桥的时候，工程师们巧妙地让大桥拐了好几个弯。远看，它就像一条"钢铁巨龙"俯卧在海面上。通常，两点之间，直线最短，可港珠澳大桥却是"S"形的，这是为什么呢？

这是因为珠江有八大入海口，它的水流不是一个方向的，要尽量使桥和水流方向是垂直的，这样船舶经过大桥的时候就会顺着水流的方向行驶，避免撞到桥墩。

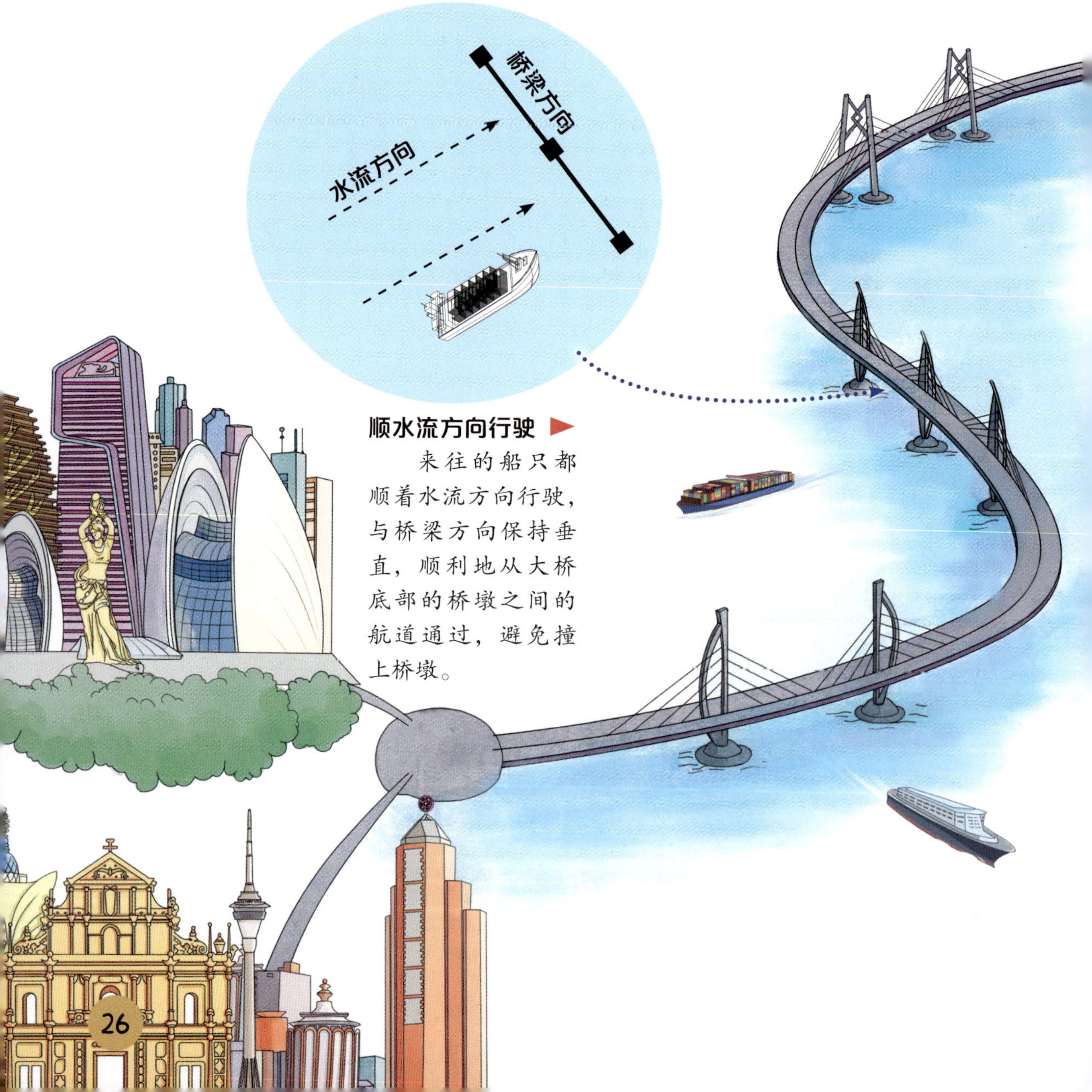

顺水流方向行驶

来往的船只都顺着水流方向行驶，与桥梁方向保持垂直，顺利地从大桥底部的桥墩之间的航道通过，避免撞上桥墩。

这片繁忙的海域每天往来的船只很多，如果有一艘万吨巨轮撞上大桥，后果不堪设想。聪明的工程师们为了保护大桥，给桥墩安装了防撞箱。

桥墩的保护套

防撞箱包裹在桥墩的外围，它就像一个巨型的保护套。港珠澳大桥的防撞箱有着世界上尺寸最大的橡胶隔振支座和十分先进的防撞装置，就算有万吨巨轮撞上来，大桥也不会轻易损毁。

你知道吗？

珠江八大入海口成因

珠江三角洲地势较低，水流变得缓慢，泥沙淤积，形成很多沙洲，导致珠江干流分汊，形成了八大入海口。

桥塔的吊装

桥塔作为大桥的关键部分，采用了独特的“海豚”造型。在两艘起重船的默契配合下，桥塔被整体吊装成功。工程师们考虑到大桥穿越了中华白海豚的保护区，施工的过程要把对环境的影响降到最小，因此，桥塔的吊装必须一次性完成。

伶仃洋上原本有多条可供船舶通行的航道，如九洲航道、江海航道和青州航道，为了不影响原有航道上船只的正常通行，大桥在相应的航道设置了 3 座通航孔桥。

▼ 中华白海豚

桥塔的“海豚”造型源自中华白海豚，它是一种生活在这片海域的珍稀动物，有“海上大熊猫”的美称。

江海航道桥

桥上有3座“海豚”造型的桥塔，桥塔最高达110米，重量超过2600吨。仅吊装这3座桥塔，建设者们就用了一整年的时间。

青州航道桥

塔顶的“中国结”寓意香港、珠海、澳门“三地同心”，独具特色的中国结造型使大桥更显灵动、优雅。

九洲航道桥

主塔的造型取自“风帆”，名叫“风帆”双塔，寓意“扬帆远航”。主塔高120米，相当于40层楼的高度。

吊装工具

连接起重船和桥塔，两端可以竖向360度自由转动，它能很好地适应桥塔在吊装过程中不断变化的姿态。

“海豚”桥塔的吊装

首先，运输船会把桥塔送到大海上。其次，两艘起重船开始合作：一艘稳稳地停在指定位置，另一艘缓缓地拉起桥塔，直到它完全与海平面垂直。最后，桥塔被安全地放在承台上，整个吊装工作就完成了！

桥塔的建设

与“海豚”桥塔不同，“中国结”桥塔和“风帆”桥塔采用了分段吊装的方法。它们都被分成了好几段，然后在海上一步一步拼装起来。我们一起看看它们是怎么建成的吧！

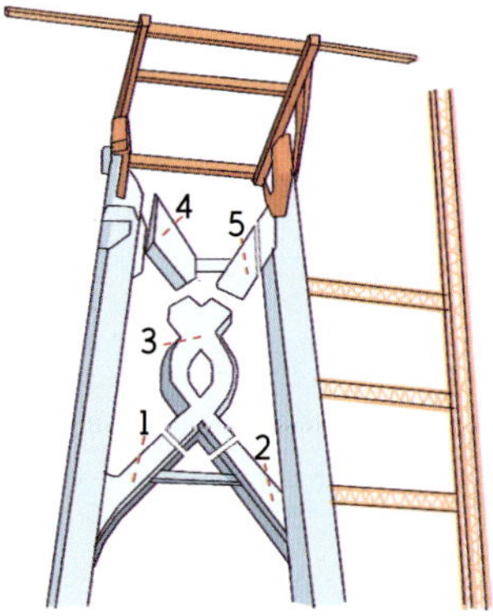

“中国结”分段安装

桥塔的“中国结”部分造型比较复杂，工程师将它分解成了5段，一段一段地安装。

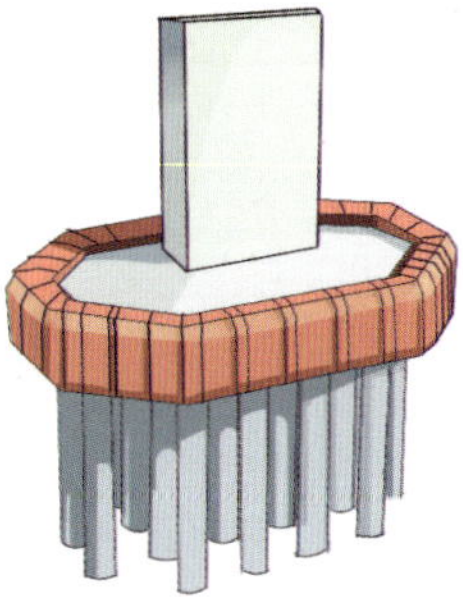

桥墩

大桥的根基（基桩）深深地扎入海底的岩石层下面，这样海浪和大风就无法撼动大桥了。

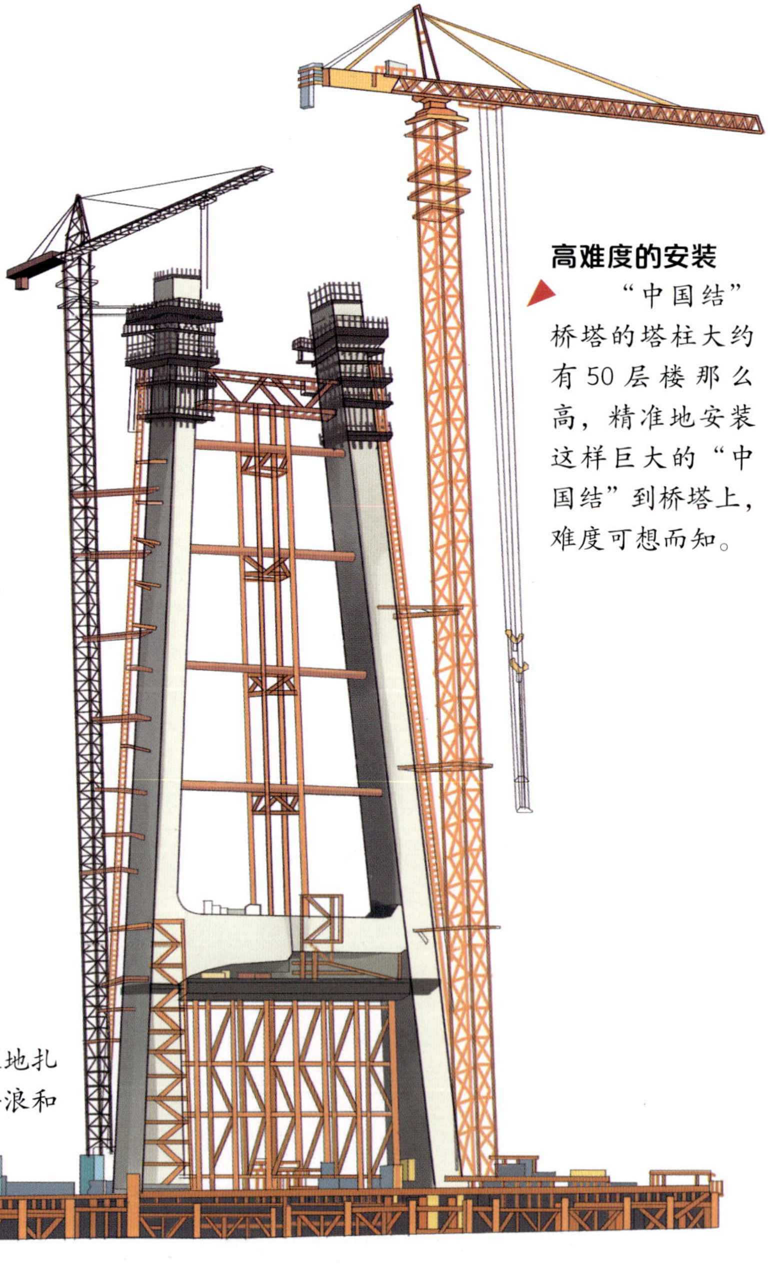

高难度的安装

“中国结”桥塔的塔柱大约有50层楼那么高，精准地安装这样巨大的“中国结”到桥塔上，难度可想而知。

“中国结”桥塔的吊装

“风帆”桥塔

为了让桥塔满足航空限高的要求，要采用分段吊装的创新方法。桥塔的下半段是在海上提前浇筑好的；上半段是在工厂预制的，再由起重船放到桥面上。

桥墩

桥墩的建设是先插入钢筋，再浇筑上混凝土。混凝土紧紧包裹着钢筋，让桥墩变得更加坚固，在汪洋大海中屹立不倒。

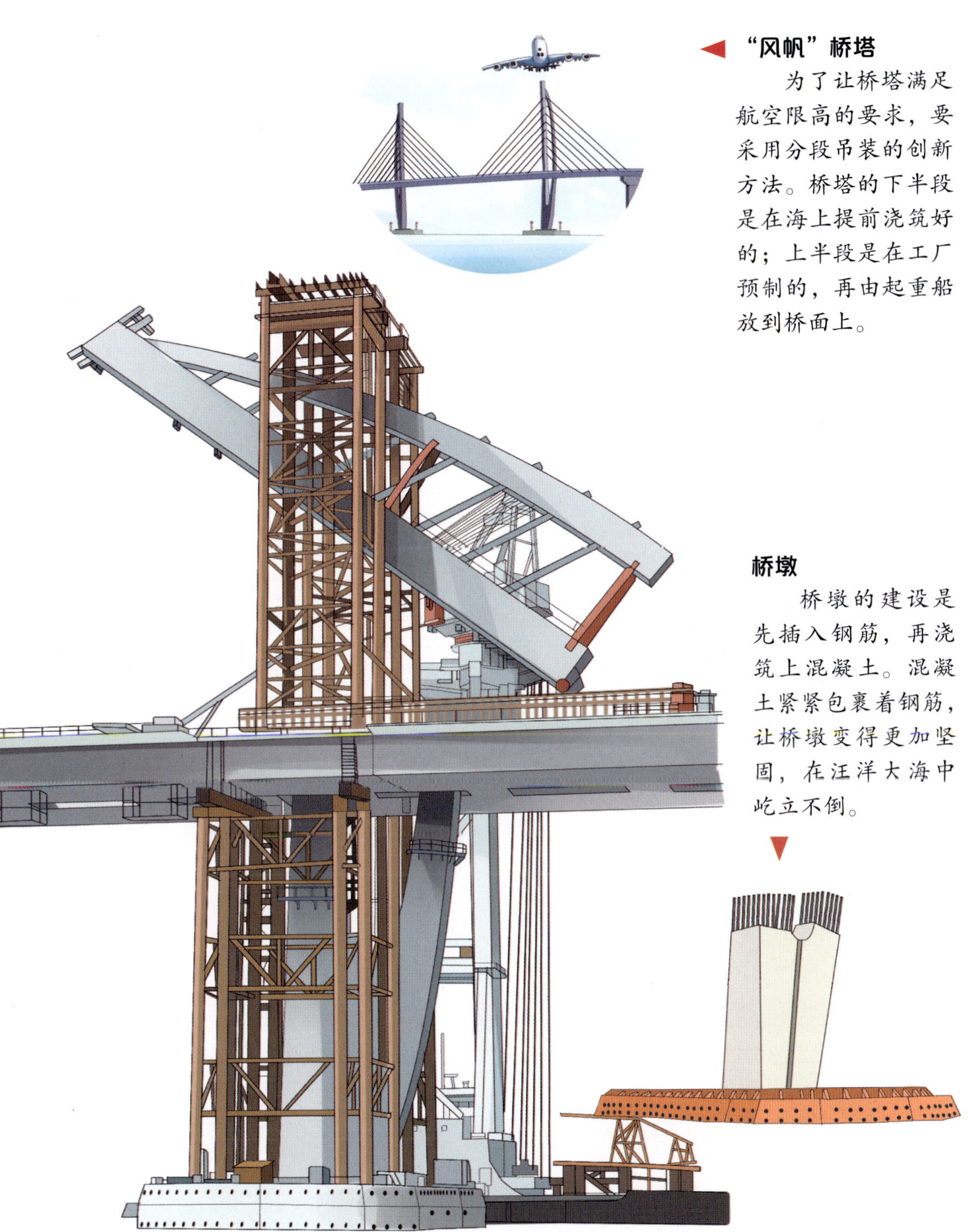

“风帆”桥塔的吊装

国之臂膀——大型海上起重设备

浮式起重机，又被称为起重船、浮吊，是一种专门在水上从事起重作业的工程船舶，是海上起重的必备设施。工程师们在建大桥时用到了很多大型起重设备，它们都是“海上大力士”。

现在我们一起认识几艘我国比较知名的起重船吧！

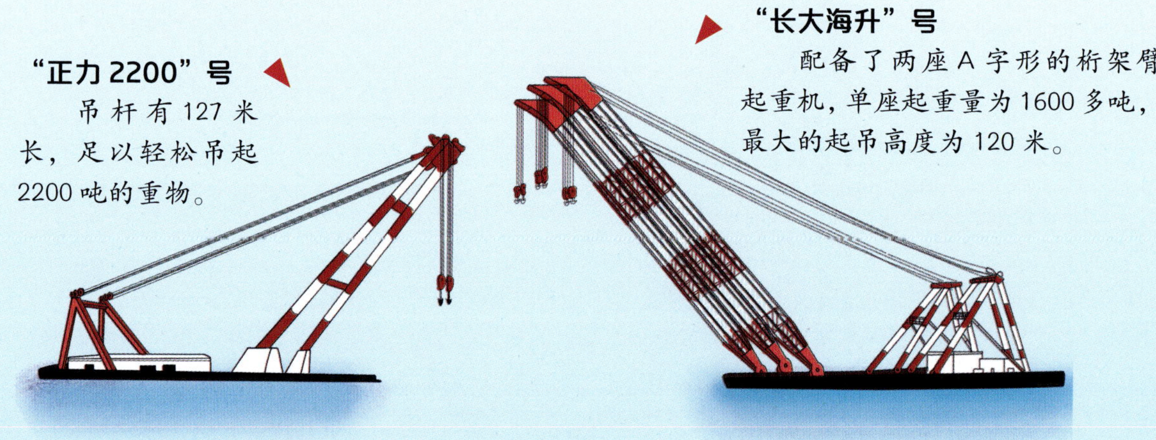

“正力 2200”号

吊杆有 127 米长，足以轻松吊起 2200 吨的重物。

“长大海升”号

配备了两座 A 字形的桁架臂起重机，单座起重量为 1600 多吨，最大的起吊高度为 120 米。

海上巨无霸“振华 30”

世界上最大的起重船，重 14 万吨。它单臂吊装能力可以达到惊人的 12 000 吨，这意味着它可以轻松提起一艘小型的航空母舰。

大块头“蓝鲸”号

中国数一数二的起重船，自吊7500吨，如果找到一个合适的支点，它可以轻而易举地把重达9000吨的法国埃菲尔铁塔举起来。

深水打捞专家“德合”轮

总长199米，宽47.6米，可以载398人。船上配备了先进的定位系统，可以在不同海域精准定位。此外，船上还设有直升机升降平台，可以和直升机联合开展救助行动。

避开“繁华”，选择入海

伶仃洋靠近香港的水域，有一条至关重要的深水航道，是大型船只在这片海域通行的唯一通道，航道等级要求非常高。为了满足 10 万吨和未来 30 万吨船舶的通航需求，大桥的桥面高需超过 80 米，桥塔高度需达到 200 米。

航空限高

伶仃洋海域飞机频繁飞过，建筑高度不能超过 120 米。因此，建造超高的桥塔来供船舶通航是不被允许的。

深水航道

一般指大型河口及近海水域能满足万吨级以上海轮安全航行的航道。

但这样的高度不符合航空限高的要求。工程师们经过深思熟虑，提出了一个十分大胆的方案：避开“繁华”的水域，在海面下修建一座超长的海底隧道。

海港

沿海停泊船只的港口。伶仃洋附近有广州港、深圳港等著名港口，这些港口来往货轮络绎不绝。

海底隧道的优点

不妨碍海面上船舶的航行，对生态环境的影响较小，是一种非常安全的全天候的通道。

海底隧道

港珠澳大桥的海底隧道，全长6.7千米，建成时是世界上最长、最大、最深的海底沉管隧道。

填海造岛的关键——钢圆筒

港珠澳大桥有一段伸入海中，这就意味着要用岛屿把桥梁和海底隧道连接起来。现成的岛屿并不存在，于是，工程师们决定填海造岛。然而，他们遇到了新的难题：用来建设人工岛的海域下方有一层厚达 15~20 米的淤泥层，如同豆腐一般软绵绵的，给施工带来了极大的困难。

高度

每个钢圆筒的高度为 55 米，约为 20 层楼那么高。

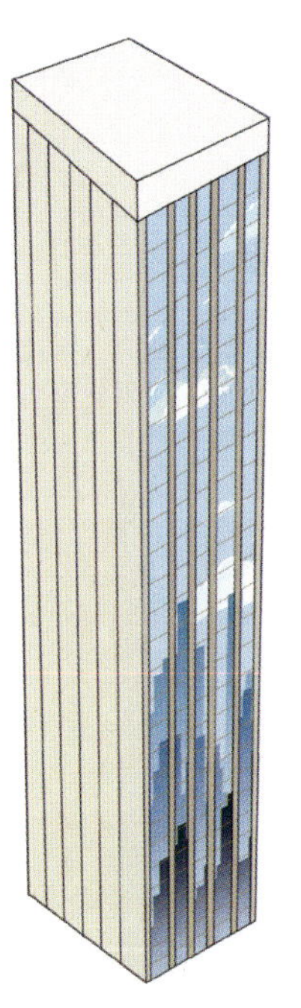

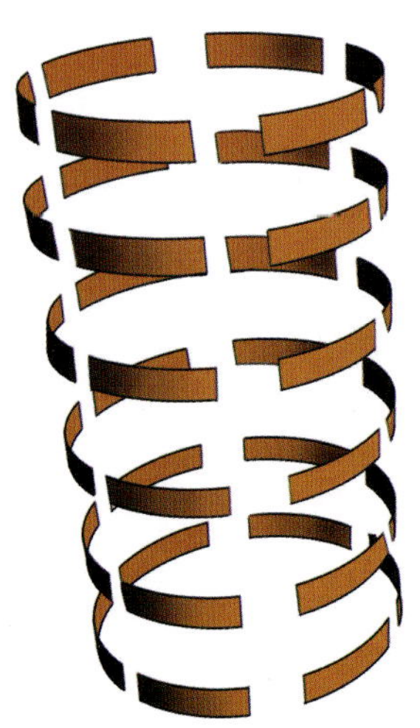

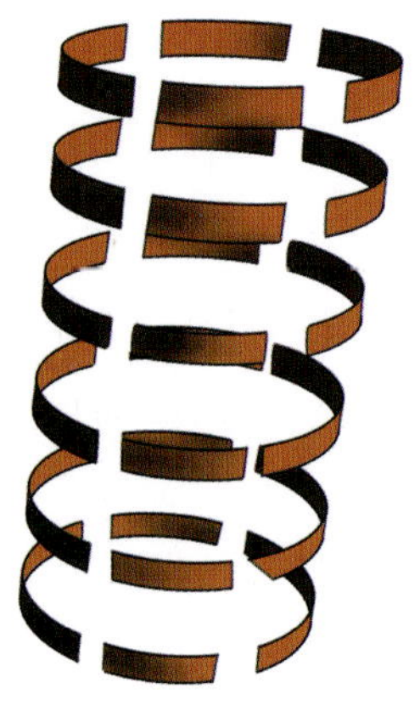

钢圆筒的分解

钢圆筒又高又宽又大，没有合适的模具可以用来制作它。

好在聪明的工程师们想到了一个好办法：将钢圆筒分成上段和下段，每段都由 36 片钢板拼接而成。上段和下段拼接起来就是一个完整的钢圆筒了。

建人工岛的材料很难固定，会顺着淤泥滑走。如果直接清除淤泥，不仅工程量巨大，还会污染环境，威胁到中华白海豚的生存。工程师们集思广益，想出了一个非常巧妙的解决方案：用一组巨型钢圆筒固定在海床上，然后在中间填土形成人工岛。

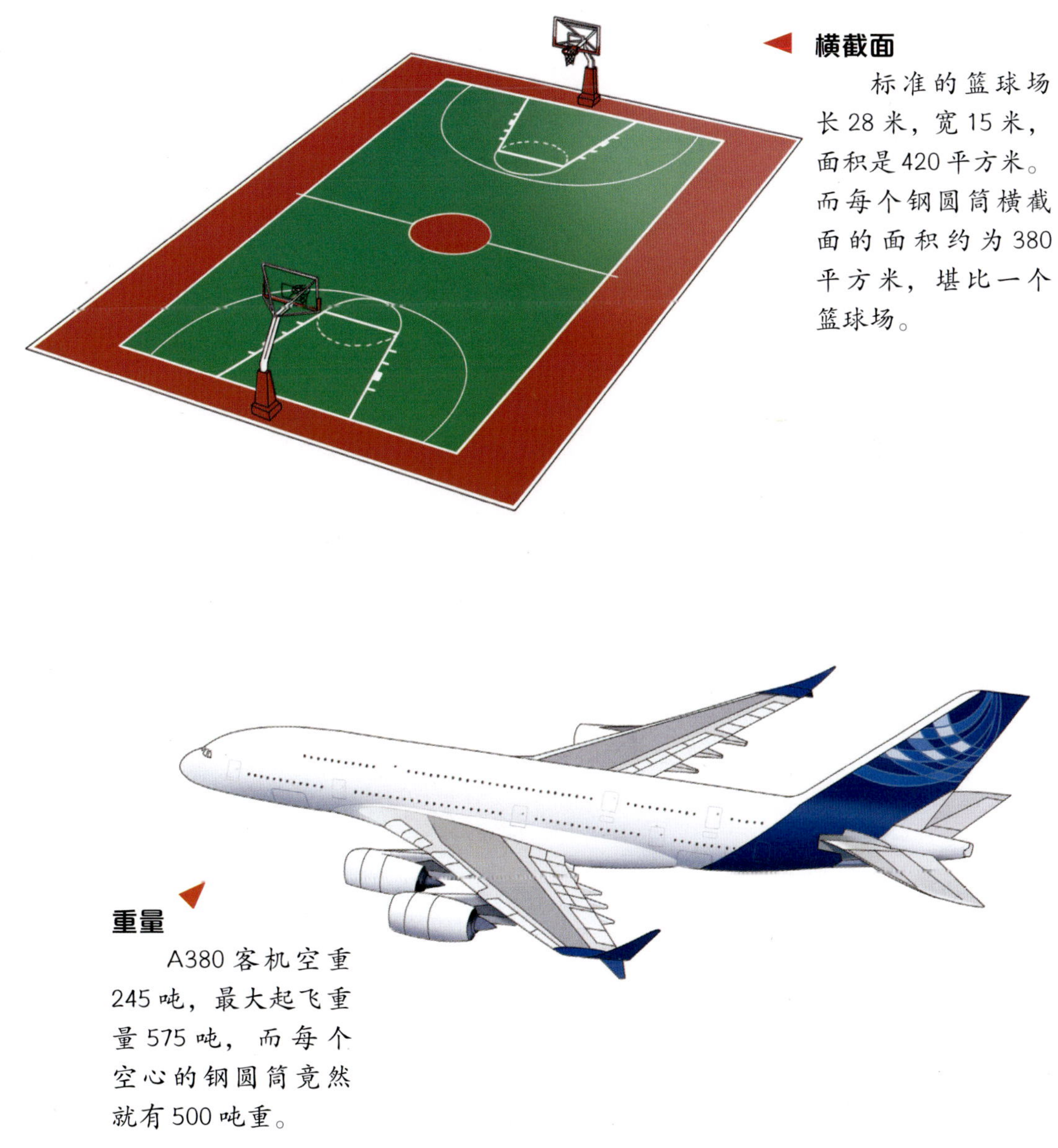

横截面

标准的篮球场长28米，宽15米，面积是420平方米。而每个钢圆筒横截面的面积约为380平方米，堪比一个篮球场。

重量

A380客机空重245吨，最大起飞重量575吨，而每个空心的钢圆筒竟然就有500吨重。

人工岛终于建成了

工人叔叔们在工厂里不辞辛劳地工作着，生产出了120个巨型钢圆筒。现在这些大块头要被大轮船运到海上的施工现场。在那里，工人们将它们直接插入海底，然后再用清淤船把沙子填入钢圆筒，这样人工岛就逐渐成形啦！

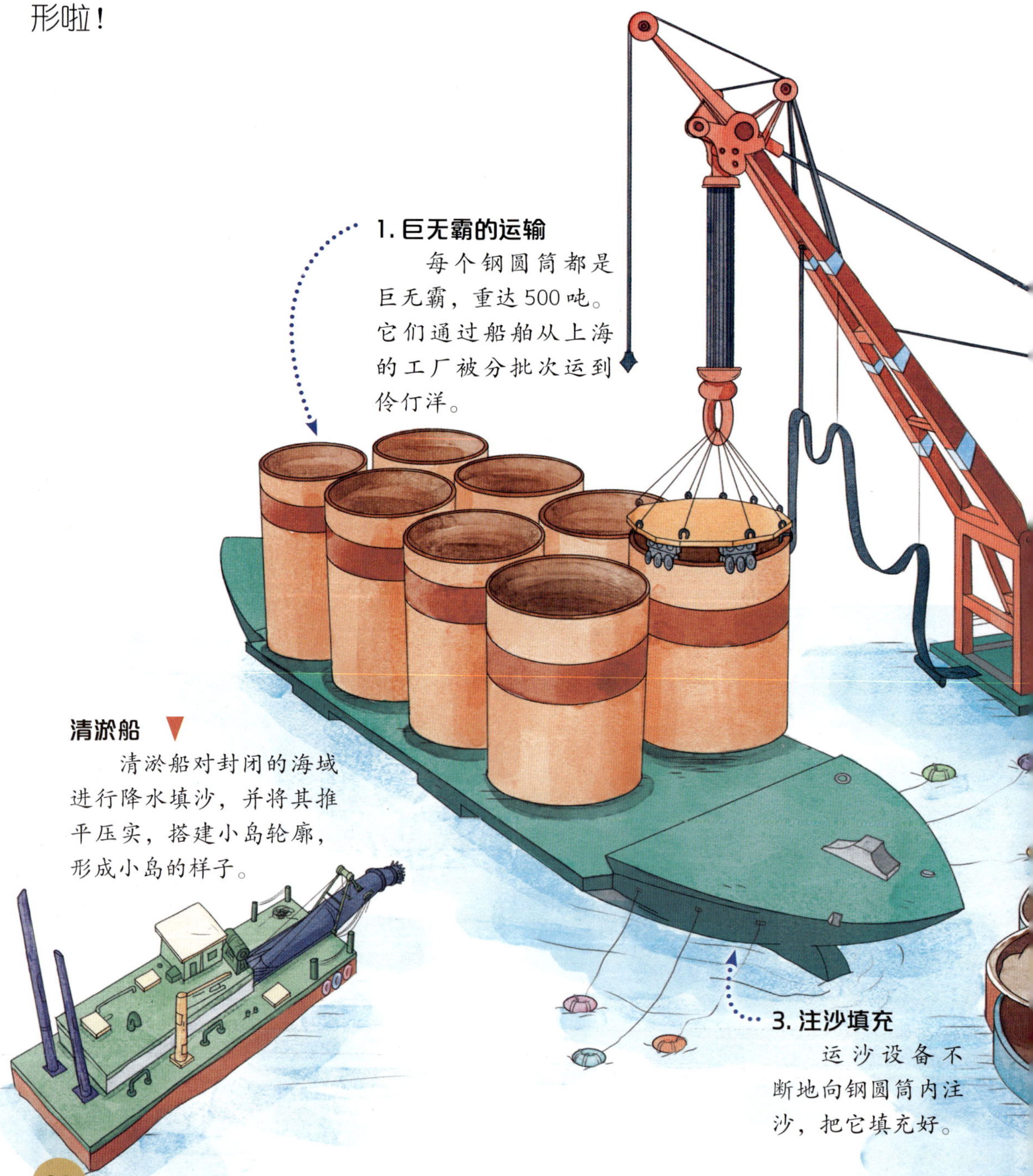

1. 巨无霸的运输

每个钢圆筒都是巨无霸，重达500吨。它们通过船舶从上海的工厂被分批次运到伶仃洋。

清淤船

清淤船对封闭的海域进行降水填沙，并将其推平压实，搭建小岛轮廓，形成小岛的样子。

3. 注沙填充

运沙设备不断地向钢圆筒内注沙，把它填充好。

鱼鳞状保护层

人工岛周围有一层用混凝土制成的鱼鳞状保护层，一直延伸到海里，可以减少海浪对人工岛的冲击。

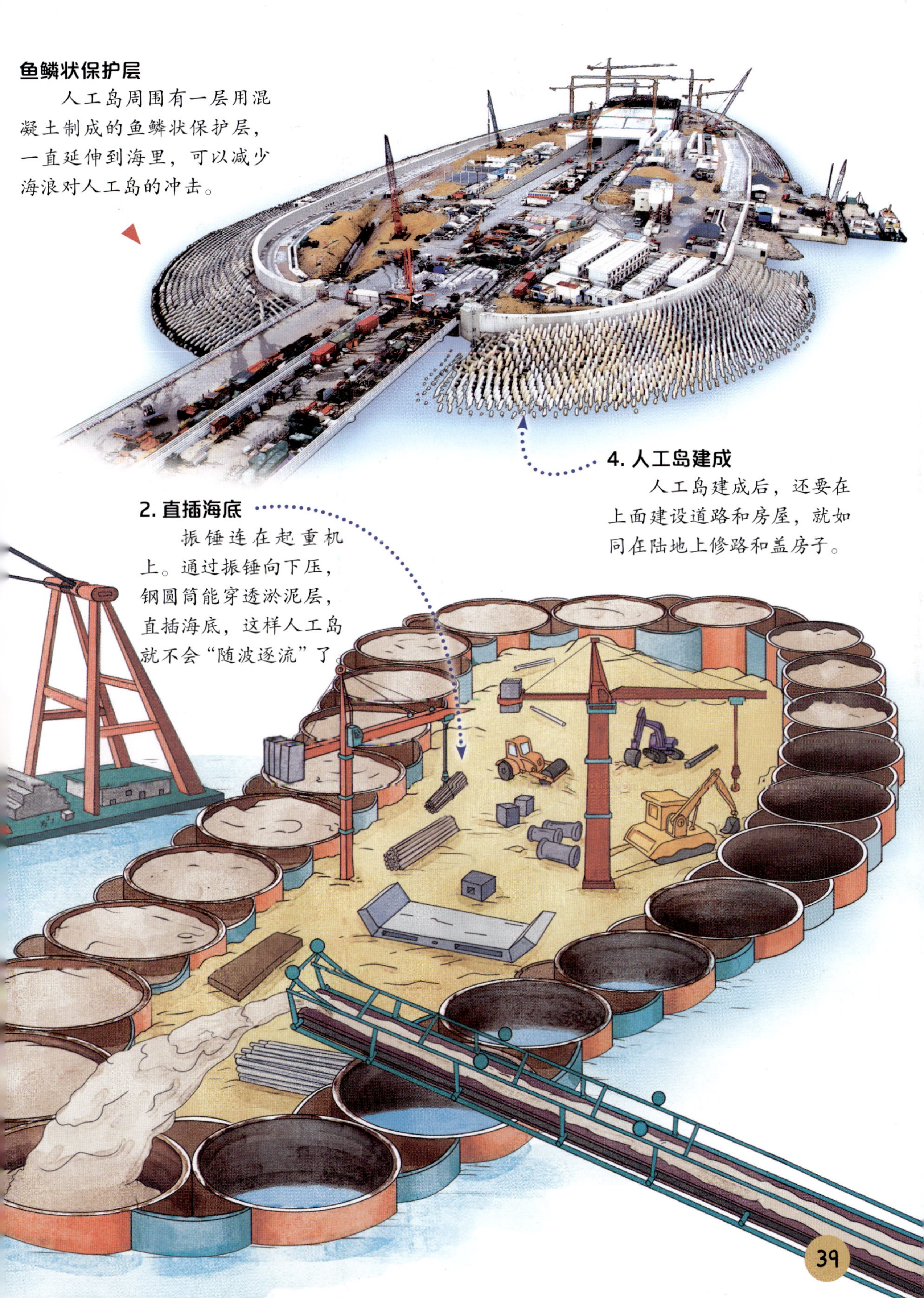

4. 人工岛建成

人工岛建成后，还要在上面建设道路和房屋，就如同在陆地上修路和盖房子。

2. 直插海底

振锤连在起重机上。通过振锤向下压，钢圆筒能穿透淤泥层，直插海底，这样人工岛就不会“随波逐流”了。

多功能的“振驳 28”驳船

“振驳 28”驳船真正做到了一船多用，它参与了第一节钢圆筒的运输，承担了最终接头的起吊工作，还被改造成了抛石船。多重身份的背后，它还为在海上坚守了 5 年的建设者们挡风遮雨——建设者们住在船上 100 平方米的集装箱里。驳船经常在海上单独作业。

抛石船

“振驳 28”驳船还被改造成过一艘抛石船，当时大量空间都被石块占据了，用于海底隧道抛石。

第一节钢圆筒

钢圆筒是建设人工岛的关键，建设人工岛用到的第一节钢圆筒就由“振驳 28”驳船来运输。

海上的信号十分微弱，建设者们在工作间隙给家人打电话时，常常因为信号太差而无法拨通电话，只能依靠看手机里留存的照片缓解思念之情。由于他们长时间不能上岸，理发都成了一种奢求，繁重的工作使他们无暇顾及自己的外表。

最终接头

沉管的最终接头是非常重要的一个环节，“振驳 28”驳船还承担了最终接头的起吊工作。

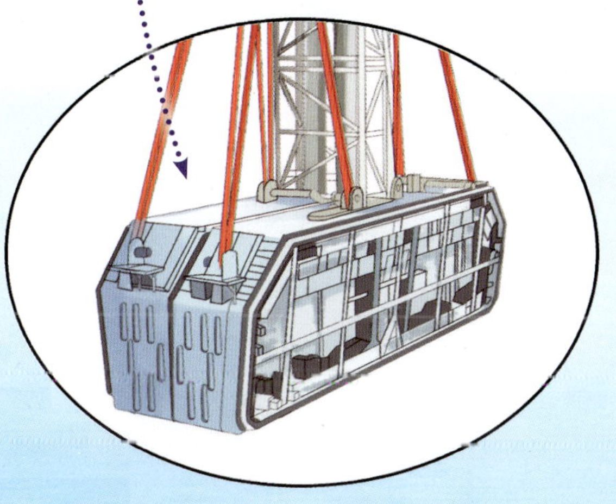

海上集装箱

为了方便施工，很多工人不论是刮风还是下雨都要住在施工平台上的集装箱里。这里条件简陋，四周除了一望无际的深海，其他什么都没有。

沉管的运输

沉管造好后，通过河道的引导出坞。两端密封的沉管漂浮在海中，浮运了约 12 千米后才到达指定位置。

沉管的重力，能被海水抵消一部分，工程师们巧妙地利用海水的浮力运输这些庞然大物。

牛头岛

原本是个无人居住的荒岛，现在被改造成制作沉管的工厂。一节又一节的沉管就是在这里被制作出来的。

船坞

船坞是造船用的一种建筑物，排水后可用来造船，灌水后可容船舶进出。

不可或缺的沉管

除了建设桥梁和人工岛，工人叔叔们还要建设海底隧道。沉管是建设海底隧道不可或缺的部件，大部分沉管，长 180 米，宽 33 米，高 11 米，重量接近 8 万吨，它能承受巨大的海水压力，为在海底通行的车辆撑起足够宽敞的空间。但它的造价极其昂贵，每节沉管就价值上亿元。

那么，这些沉管是如何制作、运输和安装的呢？

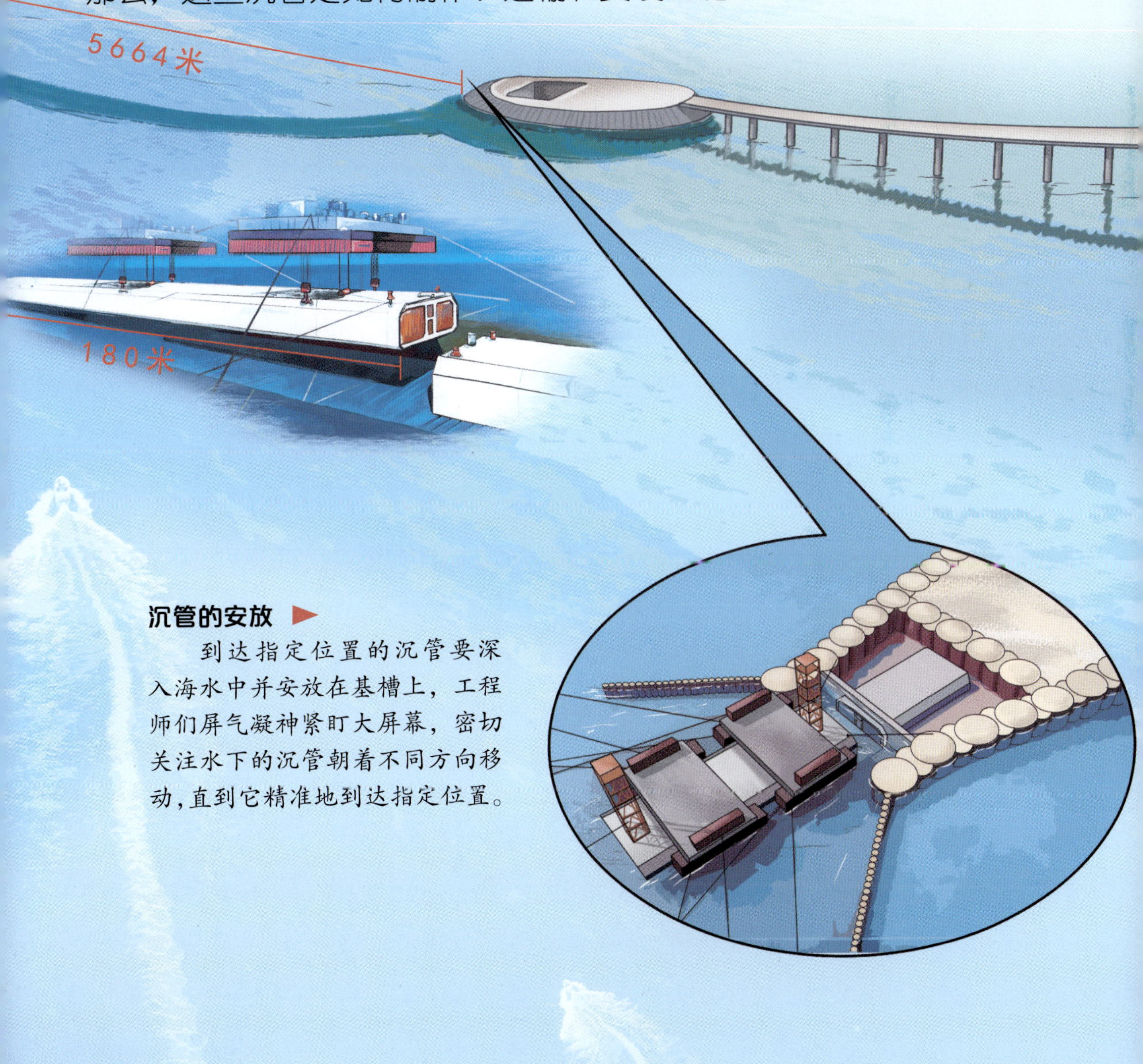

5664米

180米

沉管的安放

到达指定位置的沉管要深入海水中并安放在基槽上，工程师们屏气凝神紧盯大屏幕，密切关注水下的沉管朝着不同方向移动，直到它精准地到达指定位置。

海底隧道的铺就

工人叔叔们付出了很多心血，终于在工厂里把沉管都提前制作好了。现在他们要打造一个牢固而平整的地基，这样巨大的沉管才能在水面下进行精准对接。

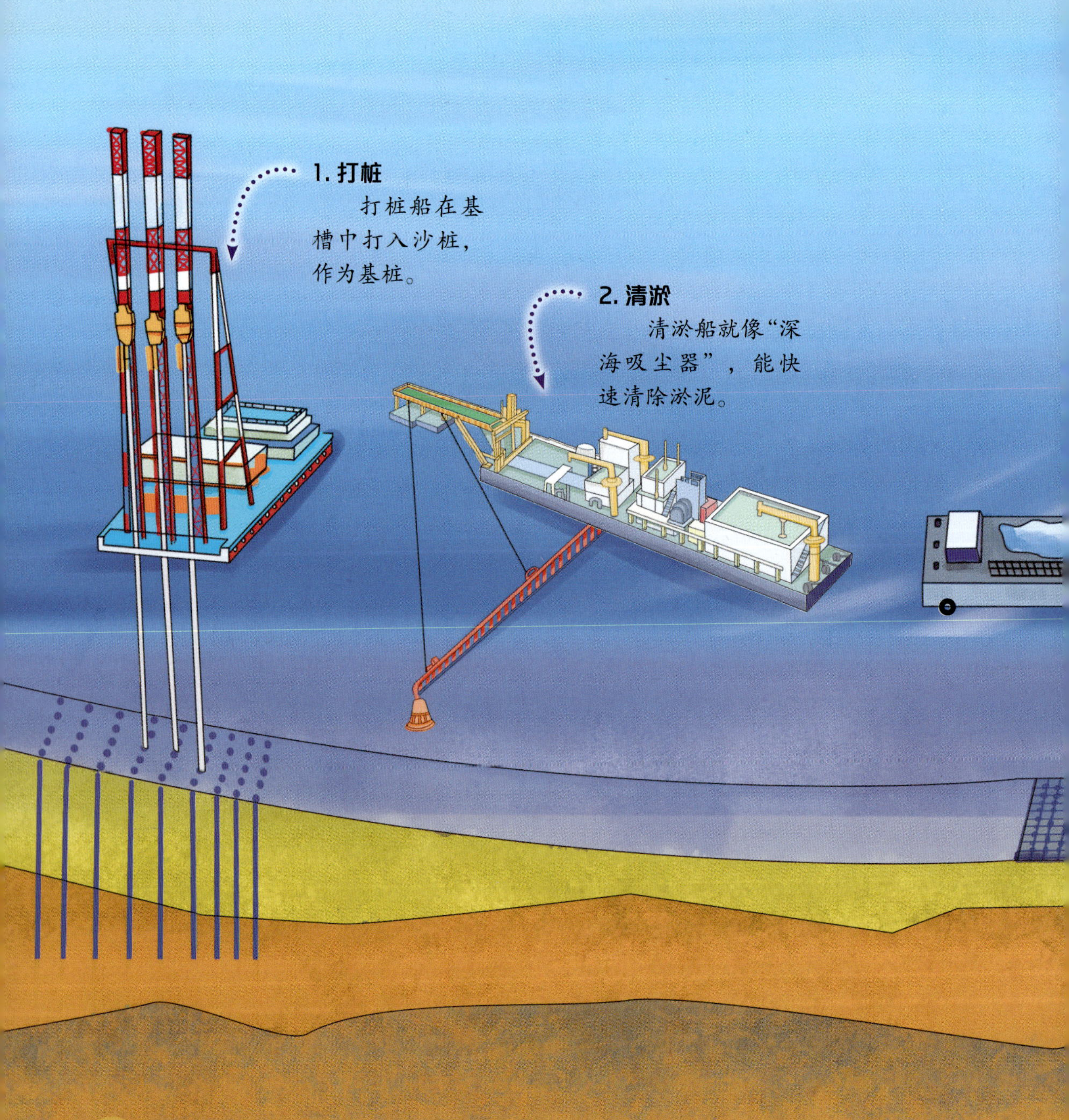

1. 打桩

打桩船在基槽中打入沙桩，作为基桩。

2. 清淤

清淤船就像“深海吸尘器”，能快速清除淤泥。

打造地基的第一步就是利用先进的卫星定位系统，在海面找到准确的位置，并在海底挖出一条宽 40 多米的基槽，在基槽中打地基。

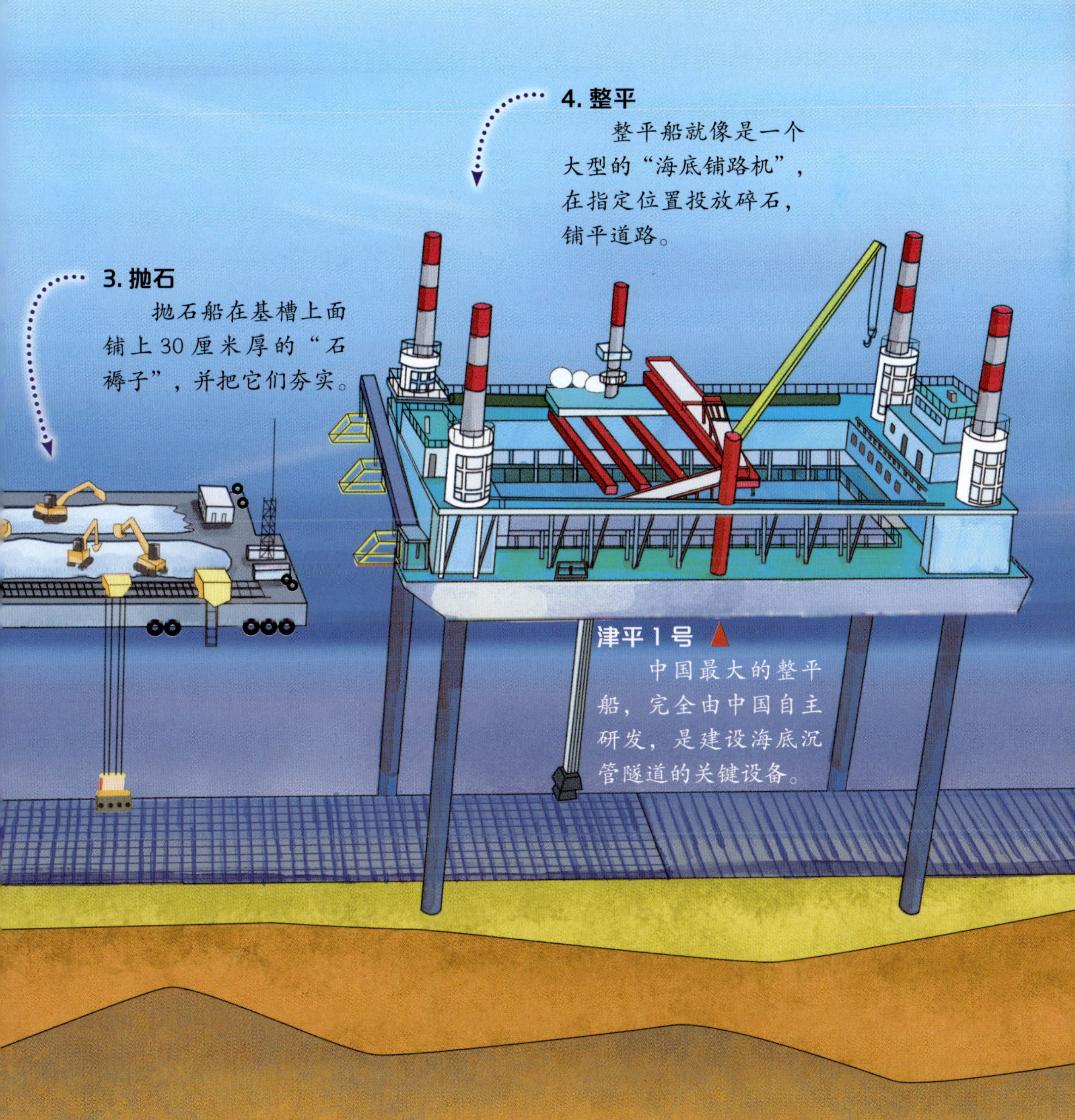

海底安装沉管并没有那么容易，在安装第 15 节沉管时，遇到了雪崩式的基槽泥沙回淤。基槽泥沙回淤，就是海水里的泥沙经过基槽时沉淀在了基槽中，导致基槽内的高度发生变化而影响沉管精确对接。

工程师们第一次安装第 15 节沉管并没有成功，经过 3 个月的准备，第二次尝试依旧以失败告终。但是面对困难，他们没有放弃，时隔 1 个月，百折不挠的工程师们终于成功地安装了第 15 节沉管。

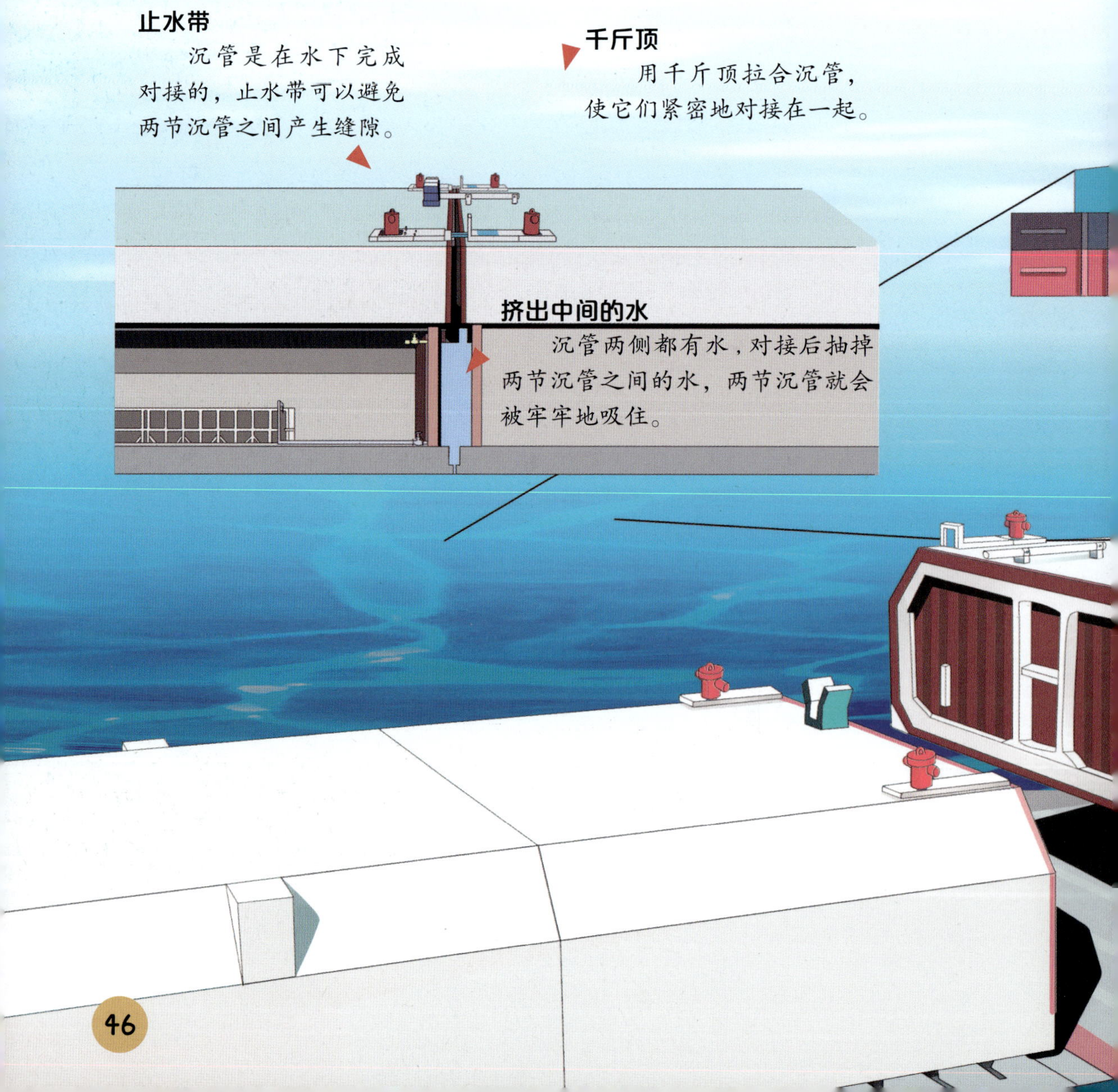

止水带

沉管是在水下完成对接的，止水带可以避免两节沉管之间产生缝隙。

千斤顶

用千斤顶拉合沉管，使它们紧密地对接在一起。

挤出中间的水

沉管两侧都有水，对接后抽掉两节沉管之间的水，两节沉管就会被牢牢地吸住。

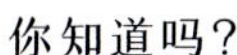

沉管的海上浮运

每个庞大的工程都由无数的细节组成，每个细节的疏忽都可能造成巨大的损失。

在正式安装沉管之前，工程师们把驳船当沉管，练习如何在海上浮运它。但驳船在海里摇晃得很厉害，很难控制。经历了数次失败，工程师们先后咨询了很多经验丰富的船长，并反复试验后，终于摸索出了在海上浮运沉管的有效方法。

沉放驳

潜水员水下质检

在水面上，工程师们无法判断沉管是否成功安装。因此，需要潜水员穿着厚厚的潜水服，腰上绑着铅块，身上系上安全绳，潜入几十米深的水下进行细致的检查。

水下的能见度极低，几十米深的水下几乎是漆黑一片，潜水员叔叔们只能用手摸，仔细排查，以此判断有没有石头、绳索、渔网等会影响沉管对接的东西出现。

腰间的铅块

潜水服的浮力比较大，要用铅块来抵消浮力，否则潜水员叔叔无法顺利下潜到指定的深度。

多角度的显示屏

潜水员在水下检查沉管的时候，水面上的中控室里，有很多显示屏，会全方位地展示水面下的情况。

潜水员的“脐带”

安全绳是潜水员叔叔的生命线，在水流湍急、能见度差的深水下能保障他们的安全。

精益求精的最终接头

工程师们已经成功安装了很多节沉管，可最终接头的安装一点也不轻松，因为两端都需要“天衣无缝”地对接上，做到滴水不漏。

没有大台风和强对流天气是安装最终接头的绝佳条件。为了确保万无一失，在最终接头安装期间，气象部门每小时都会播报精确度很高的天气预报。

▼ 大显身手的“振华 30”起重船

清淤工作完成后，能吊起 1.2 万吨的“振华 30”起重船，从“振驳 28”驳船上轻松吊起挂着重 6000 吨的巨型吊带的最终接头，然后平稳地一步一步把它嵌入基槽中。

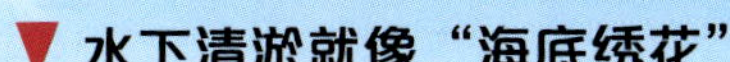

水下清淤就像“海底绣花”

“最终接头”和其他沉管的安装一样，要先把基槽中的淤泥清理干净，但在几十米深的水下清淤就像“海底绣花”。

船长在清淤船上的计算机里能清楚地看到水下作业的全过程，清淤船就像一个大型“海底吸尘器”，把淤泥都清理干净了。

巨型吊带

由 14 万根高强度的纤维丝组成，直径 40 厘米，长 120 米，重 4 吨，为“振华 30”起重船的大显身手提供保障。

“海底之吻”圆满成功

最终接头的安装不是一次完成的，第一次安装偏差了 16 厘米，这一数值在容错的范围内，但追求完美的工程师团队还是决定拆掉已经安装好的沉管，重新对接，最终将偏差控制在 2.5 毫米以内。

横跨伶仃洋的大桥

港珠澳大桥在建成时是世界上最长的跨海大桥，横跨伶仃洋，全长 55 千米。大桥由三部分组成：海中主体部分、三地口岸、主体连接三地的道路。其中海中主体由粤、港、澳共同兴建；三地口岸设施与连接道路分别由三地各自修建。

西端牵珠海、澳门

在港珠澳大桥的西端，珠海和澳门挨在一起有陆地接壤，港珠澳大桥的珠海口岸与澳门口岸在同一个人工岛上，统称为港珠澳大桥珠海公路口岸。

桥上有 4 座人工岛，东人工岛和西人工岛是海底隧道的两端，另外两座是三个口岸的人工岛，其中珠海和澳门的口岸建在一个人工岛上，另一个人工岛是香港口岸的人工岛。

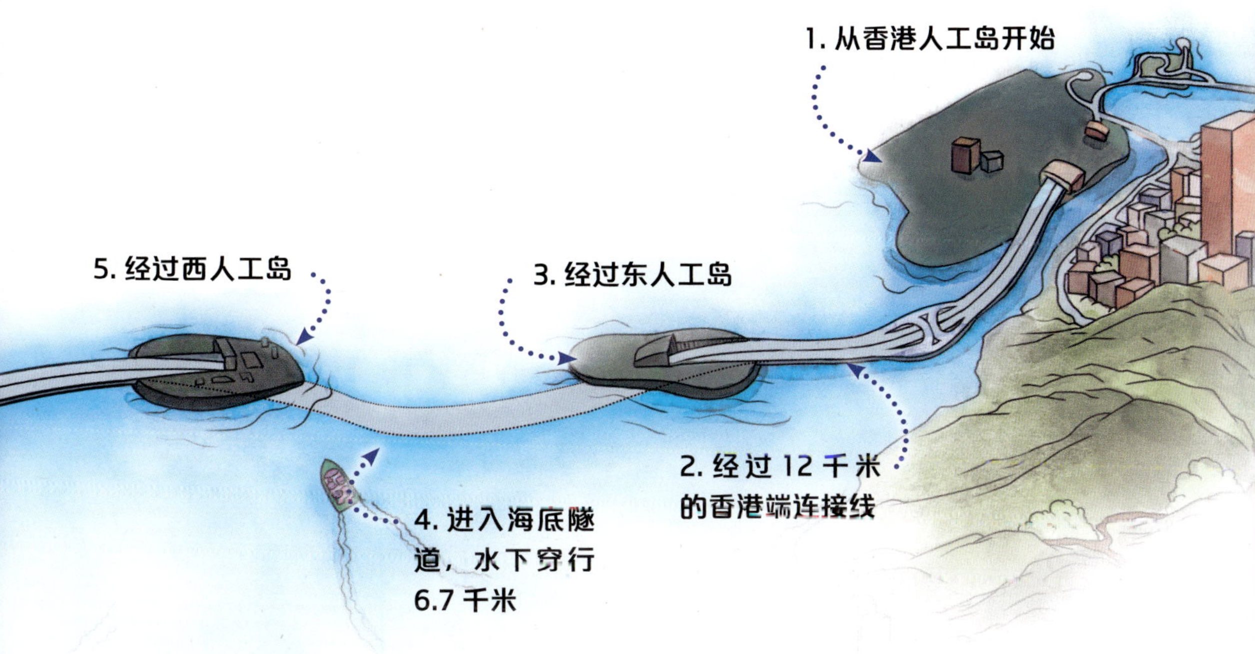

东端连香港 ▲

香港连接线是指从东人工岛到香港口岸。

香港口岸所在的人工岛，毗邻香港国际机场。建设者们在香港国际机场东北部水域填海建造一个面积约 150 公顷的人工岛，把港珠澳大桥、香港国际机场、香港东涌新城区连接在一起，还可修建通往香港新界西北等其他方向的线路。

护栏撞击和隧道防火试验

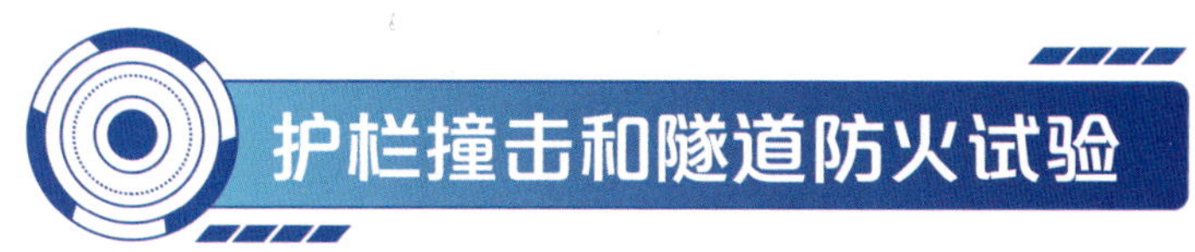

沉管隧道在 40 多米深的水下，任何意外都可能产生灾难性的后果。为了确保安全，工程师们经过 2 年多的反复试验，搜集了大量珍贵的第一手资料。最终，为海底隧道制定了全系统的火灾应急预案，以便在 30 分钟内处置任何意外。

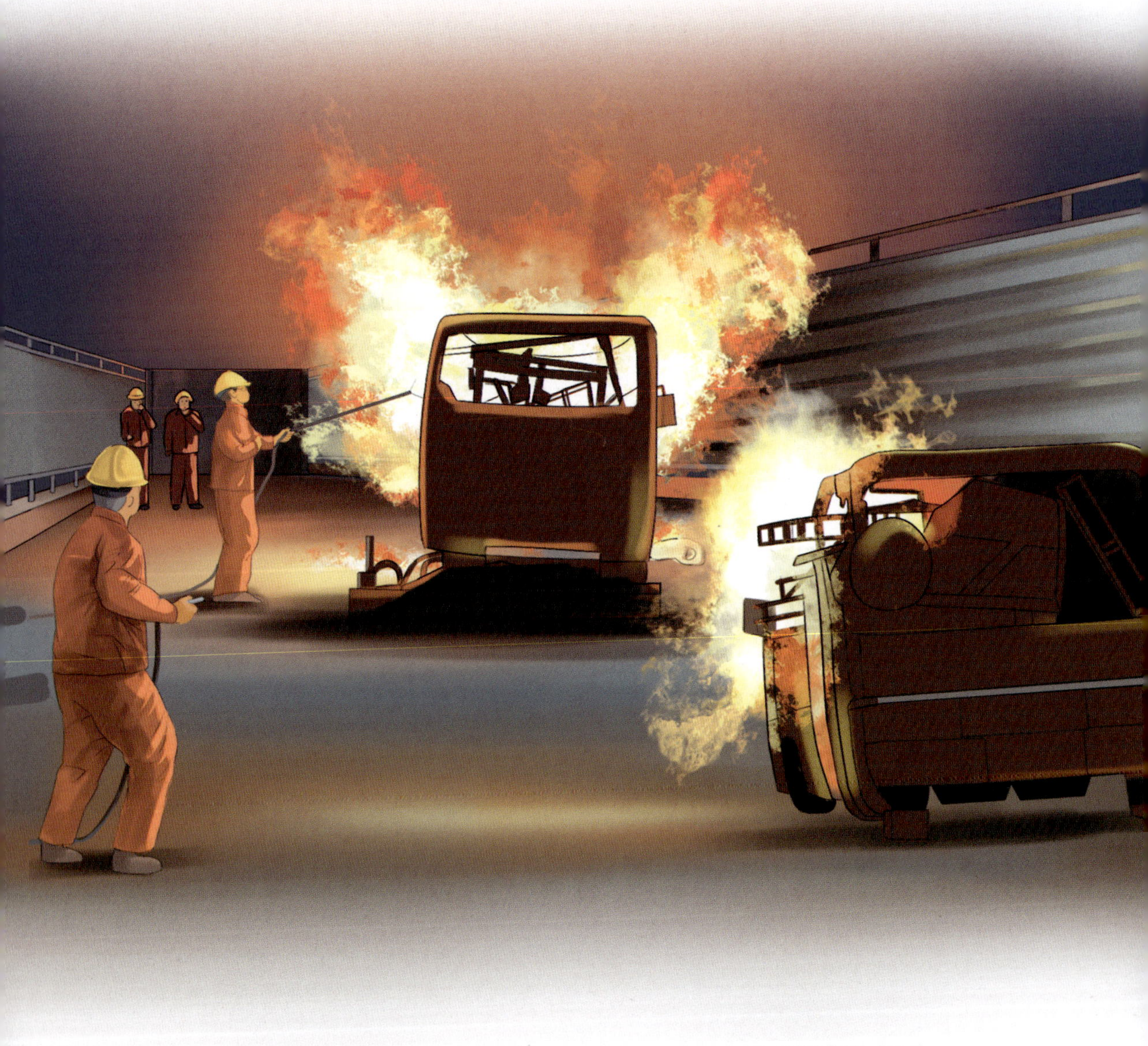

▲ **福建漳州试验基地**

沉管隧道防火试验基地。为了确保沉管隧道的安全，工程人员正在测试隧道的关键性结构能否抵御 1200℃的高温。

大桥桥面的安全也同样重要。大桥建成后，桥上通行的双层大巴、集装箱车比较多，车辆的重心高，一旦掉到海里，很难生还。经过精心设计，大桥的护栏能够承受车辆以 15 度角、80 千米时速的撞击，有效保障了行车安全。

▲ 北京昌平试验场

工程师们设计了一套装置，可以模拟测试大桥能否经得住各类汽车时速超过 100 千米的撞击。

我国桥梁的类型

我国最早的桥在文字上叫作“梁”，实际上是指用船编成的“浮桥”。天上有彩虹，人间有长桥，桥梁的类型多种多样，它的外观取决于它的用途和所使用的材料。下面，我们一起了解一下我国桥梁的结构类型。

拱桥

因桥的外形而得名。这种桥梁结构是最稳固的。建造拱桥的材料有木、竹、石、砖等。

悬索桥

用竹索、藤索、铁索等作为主干相拼悬吊起来的大桥，它的主要承重构件是悬挂在索塔上并锚定在两岸的缆索。

梁桥

梁以桥柱或桥墩作水平距离承托，然后架一个横梁并平铺桥面。

斜拉桥

主梁用许多拉索直接拉在桥塔上的一种桥梁，常见的有竖琴式斜拉桥和扇形斜拉桥。

赵州桥

又名安济桥，位于河北省赵县的洨河上的单孔石拱桥，始建于隋朝，距今有 1400 多年，桥上有大量精美石刻。

五峰山大桥

连接江苏省南部和北部，对接京沪高铁的超级跨江大桥，全长 6409 米，是一座公路、铁路两用的悬索桥。

洛阳桥

又名万安桥，位于泉州的洛阳江之上，是一座用石头制成的跨海梁桥。这一带水域盛产牡蛎，它们是加固桥梁最廉价最便捷的天然黏合剂。

北盘江第一桥

贯通了杭瑞高速公路，全长 1341.4 米的斜拉桥，桥面到江面的垂直高度约 565 米，相当于 200 层楼的高度。

认识了桥梁的结构类型以后，现在来认识几座我国著名的桥吧！

大桥开通了

2018 年 10 月 24 日，举世瞩目的港珠澳大桥正式通车啦！

买票以后，经过简单的检票就可以上车了，你就可以乘坐金色的双层巴士前往香港。巴士的车次很密集，5 分钟不到就有一趟新的车可以坐，坐在双层巴士的第二层，你将拥有更宽广的视野，可以尽情欣赏沿途美景！

▼ **穿梭巴士**

港珠澳大桥珠海公路口岸有穿梭巴士、直通巴士、商务车等交通工具接驳旅客前往香港，车程约 40 分钟。

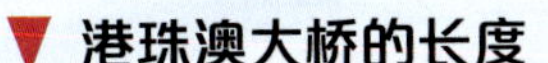

港珠澳大桥的长度

全长 55 千米，主体桥梁长 22.9 千米，海底隧道长 6.7 千米。

风景如画

在穿梭巴士上不仅能看到大海，还能看到桥塔，巨大的“中国结”桥塔映入眼帘，令人惊叹。

后记

“中国超级工程丛书”绘本版 8 本终得付梓，手抚书稿，却觉编纂之路仍任重道远。我们立志重磅打造含 48 本的丛书，从桥梁、港口、航空航天、高铁、能源、道路、车辆等各个领域展现我国超级工程与大国重器，展现一幅波澜壮阔的工程画卷。

俯瞰神州大地，纵贯山河的“超级工程”星罗棋布，中国名片成色十足。且看中国桥梁，港珠澳大桥宛如海中卧龙，五峰山大桥变天堑为通途，北盘江大桥、矮寨超级悬索桥横跨深谷幽壑，它们各展雄姿；中国港口，上海洋山港填海而建，青岛港自动化领先，广州港千年兴盛，宁波港后来居上，这些港口犹如经济的晴雨表；航空航天方面，长征系列运载火箭、神舟系列飞船使中国载人航天一飞冲天，“嫦娥”探月弥补千年遗憾，天问一号奔赴火星深空探测，从天宫一号到长期有人驻守的空间站，中国航天恰似大鹏扶摇直上；中国高铁从百年前的京张铁路发展到如今的智能京张高速铁路，从饱受质疑到引领世界，冲破技术封锁，风驰电掣；而中国盾构，从最初的中铁一号发展至今，海宏号穿梭于大海之下、蒙华号奋进于黄土之中、春风号穿行于繁华城市之下，成为人们引以为傲的国之重器……

在编纂过程中，我们时而为精妙的工程设计拍案叫绝，时而被无数工程师和科学家的默默付出深深感动。这些情感融入字里行间，赋予每本书温暖的底色。编纂这套丛书，从初稿成型，到逐步修改雕琢，编著者和专家们字斟句酌，幕后团队携手“保驾护航”，每一次修改，皆倾注众人的心血与期待，终盼来付梓曙光。如今，“中国超级工程丛书”绘本版持续出版中，路在脚下，任重而道远，愿这套书成为孩子们心中永不磨灭的星光。